Chris Sokop: Puunkmusti
© Copyright bei Chris Sokop, Wien 2021
ISBN: 978-3-96907-010-9
Alle Rechte dieser Ausgabe liegen bei Zwiebelzwerg Verlag,
Leonie Viktoria Laufenburg e.K., Willebadessen 2021
Umschlagzeichnung und Innenillustration: Karl Berger
Umschlaglayout: Heike Laufenburg
Gesamtherstellung: Zwiebelzwerg Verlag
Gedruckt und gebunden in der EU
Klosterstr. 23, D-34439 Willebadessen, Tel&Fax 0049/5646/1261
www.zwiebelzwerg.de, verlag@zwiebelzwerg.de
www.zwiebelzwerg.at, verlag@zwiebelzwerg.at

Chris Sokop

PUUNKMUSTI

ODER

WARUM DIE KIRCHE ANGST VOR FRAUEN HAT

Zwiebelzwerg Verlag

Kurzgeschichten

Gedichte

Puunkmusti

Irgendwann in den wilden Neunzigern (alte Hippies hatten die wilden Sechziger Jahre, wir hatten die wilden Neunziger), hockten wir in der Küche eines alten Hauses mit Garten, plauderten, tranken, lachten und rauchten (die Wasserpfeife machte mehrmals die Runde)

Mit anderen Worten: Es war eine richtig gute Party mit Spiel, Spaß und Überraschungen.

Spiel in der Form, dass jemand anfing auf einem großen Blatt Papier zu zeichnen und dieses nach einigen Minuten zum Weiterzeichnen dem Sitznachbarn gab, so entstehen interessante Werke einer ganzen Gruppe von Künstlern. Spaß hatte wir immer, egal, ob stoned oder nüchtern.

Die Überraschung war, dass plötzlich ein Skinhead in voller Montur (Bomberjacke, Springerstiefel und Glatze) in der Tür stand.

Matty, ein Rastaman, drehte sich um und raunte ihm ein freundliches "Sieeg Haiil" entgegen.

Der unerwartete Gast war der vierzehnjährige Nachbarsjunge unseres Gastgebers, dieser meinte nur, solange er friedlich ist, darf er bleiben.

Also setzte er sich zu einem Haufen langhaariger Musiker und Lebenskünstler.

Etwas später im Garten am Lagerfeuer machten wir ein sogenanntes Antifa-Interview, um festzustellen:

WAS red't er denn,

WAS is er denn,

WER glaubt er,

DASS er is.

Seine Antworten waren nicht nur lustig, so glaubte er, dass im zweiten Weltkrieg nur 2000 Juden ermordet wurden, er selbst meinte, Leute per Genickschuss hinrichten zu können, und die Rechten werden Ende der Neunziger die Macht übernehmen (dass es 20 Jahre später tatsächlich passiert, konnten wir damals nicht wissen) und dann, „dann schmeißen wir alle Ausländer, Juden, Punks und linke Zecken raus", meinte er trotzig. „Und wenn ihr an der Macht seid, dann lässt du uns alle umbringen?", fragten wir ihn. „Euch nicht, weil ihr seid lustig."

Nachdem uns das Lachen kurz im Halse steckenblieb, brüllten wir los und machten nur mehr Nazi-Witze, wir zitierten Charlie Chaplin, John Cleese und Mel Brooks.

Um Mitternacht sangen wir von der Ersten Allgemeinen Verunsicherung das Lied „Wir marschieren" (Wir marschieren, wir marschieren, es vertrocknet unser Hirn, vorwärts marsch, Delirium, dumm im Kreis herum.)

Danach meinte unser „Hautschädel", er lasse sich demnächst zwei Tattoos stechen: ein Spinnennetz auf dem rechten Oberarm und **„Puunkmusti"** auf den linken Unterarm.

„Was ist **Puunkmusti**?", fragten wir ihn.

„Das ist Englisch und ich kann nicht Englisch", bekamen wir als Antwort

Danach war uns allen klar, er meinte: **„Punk must die".**

„Puunkmusti" wurde zum Running Gag des Sommers, sei es als Begrüßung oder beim zuprosten.

Wir hatten eine Reihe verschiedener Varianten davon, wie zum Beispiel:

„Hippiemusti",

„Rastamusti",

„Heavymetalmusti"

und natürlich

„Allesmusti".

Warum die Kirche Angst vor Frauen hat

Die Kirche hatte schon immer Angst vor starken Frauen und, mit wenigen Ausnahmen wie z.B. Hildegard von Bingen, wurden sie unterdrückt oder verfolgt.

Frauen, die sich bedingungslos unterwarfen, hatten nichts zu befürchten, aber die Kirche hat bis heute nicht nur Angst vor der Intelligenz, sondern auch vor der Sexualität der Frauen.

Wenn zwei Menschen sich lieben und einen gemeinsamen Orgasmus haben, erleben sie einen trance-ähnlichen ekstatischen Zustand im Einklang mit dem Universum.

Mit anderen Worten, sie sind für einige Sekunden oder Minuten wirklich frei.

Deshalb war Sex für die Kirche immer ein Problem. Wenn man „Macht" über Menschen haben will, dürfen diese nicht frei sein deshalb wurde der Sex von der Kirche auf die Fortpflanzung reduziert, jahrhundertelang redeten sie den Menschen ein, Sex sei schmutzig, unrecht oder gar böse.

Die magische Zwangsbefruchtung einer Jungfrau, die Verurteilung einer Frau auf der Suche nach Erkenntnissen, die Versteinerung einer neugierigen Frau und andere frauenfeindliche Geschichten aus der Bibel waren das „perfekte Alibi" für die Unterdrückung des weiblichen Geschlechts.

Um ihre Priester gefügig zu machen, verbot ihnen die katholische Kirche zu heiraten, denn wer frei ist und sein Leben genießt, ist schwerer zu kontrollieren, abgesehen davon erspart sich die Kirche dadurch Millionen an Witwen-Pensionen.

Durch jahrhundertelange Verteufelung des Sexes wurde den Menschen eingeredet, Sex sei ein notwendiges Übel zur Fortpflanzung, wodurch die sexuelle Aufklärung erst in den Sechziger Jahren des vorigen Jahrhunderts stattfand.

Frauen, die ihre Sexualität frei auslebten, wurden als Huren beschimpft oder als Hexen verbrannt.

Die Kirche erfand wahnwitzige Sünden wie unreine Gedanken, Wollust (jede Art von Sex), Unkeuschheit (wenn Frauen Sex haben wollen), Masturbation („Das ist Sex mit einem Menschen, den ich wirklich liebe." – Woody Allen), Verhütung (Every sperm is sacred), damit den Priestern bei der Beichte, in ihrer Keuschheit, nicht langweilig wurde.

Frauen; die uneheliche Kinder oder außerehelichen Sex hatten, wurden von der christlichen Gemeinde verstoßen.

Das Zölibat hat wahrscheinlich mehr Seelen zerstört als gerettet, verliebte Priester nahmen sich das Leben, weil sie dem Liebesdruck nicht standhielten, notgeile Priester vergewaltigten Frauen, oder noch schlimmer Kinder.

Wie ein allmächtiger, allwissender und allsehender Gott es zulassen kann, dass die Vertreter seiner Religion Kinder misshandeln, ist mir genauso ein Rätsel, wie er Kreuzzüge, Hexenverbrennungen und die Ausrottung der Naturvölker zulassen konnte.*

Um im Zölibat leben zu können braucht es sehr viel Spiritualität, um die sexuelle Energie umwandeln zu können, einige Priester schaffen das, aber viele sind damit überfordert.

Durch den ewigen Kampf der katholischen Kirche gegen den Sex haben viele Menschen noch heute ein schlechtes Gewissen ihren Sex zu genießen.

Die Kirche verbietet unehelichen Sex, Verhütung und Abtreibung,

*siehe: Chris Sokop "Pogue Mahone oder warum die Christen Schuld am Klimawandel sind", Zwiebelzwerg Verlag 2016.

„Ich bin nicht für Abtreibung,
aber wenn es auf dieser Welt nur mehr Kinder gibt,
die wirklich geliebt werden, dann gibt es keine Kriege mehr"
(Hans Söllner).

Es gibt Frauen, die, aus religiösen Gründen, lieber eine Schwangerschaft oder eine Abtreibung in Kauf nehmen, als durch Verhütung zu „sündigen".

Die Lust am Liebesakt ist ein Geschenk des Universums, damit sich das Leben auf der Erde fortpflanzt.

Wie sagte ein Reggae-Musiker in der Szene Wien einmal so schön:

"People out there, respect the vagina,
we all come from a vagina
Even the pope is coming from a vagina,
so respect the vagina,
We all love the vagina."

Pogue Mahone III: Television Rampage*

Im Atem der Lokomotive reiste Pogue Mahone von Glasgow nach London.

Die BBC produzierte eine neue Kochshow, aber Pogue war nicht eingeladen, obwohl er für seinen „Käsetoast mit Knoblauch" berühmt war.

In einem kleinen Aufnahmestudio neben dem Hauptgebäude der BBC, schnappte sich Pogue eine Kochuniform mit Mütze und schlich mit dem Rücken zu den Kameras am Set herum, er hob den Deckel eines Topfes und schloss ihn leise wieder.

Als das Team bereit für die Aufnahme war, suchten sie den schon etwas in die Jahre gekommenen, jugendlichen Fernsehkoch mit den lockigen Haaren.

Da sie diesen nicht finden konnten, machten sie einige Probe- aufnahmen mit seiner hübschen Assistentin.

Als das Mädchen lächelnd den Deckel des großen Topfes anhob, ließ sie ihn mit einem Schrei wie aus einem Horrorfilm fallen.

Der Kameraassistent griff in den Topf und hielt angeekelt den Kopf von Oliver James, dem Fernsehkoch, in der Hand.

Irgendwie erinnerte das den schottischen Regisseur an eine Szene aus „Braveheart" und er musste sich sein Grinsen verkneifen.

Da das letzte Konzert seiner Band „The What" schon über 40 Jahre her ist und sich die Leute heutzutage lieber unsichtbare Musik downloaden, statt sichtbare Platten zu kaufen, musste Pogue sein Privatflugzeug versteigern.

*Pogue Mahone I+II siehe: Chris Sokop "Pogue Mahone oder warum die Christen Schuld am Klimawandel sind", Zwiebelzwerg Verlag 2016.

Mit einem One-Way-Ticket flog er nach Berlin, wo in einem Einkaufszentrum eine Sendung namens „Deutschlands nächstes Hunger-Model" aufgezeichnet wurde.

Die Moderatoren waren ein zynisches Ex-Model, das die Möchtegern-Models regelrecht fertigmachte, und ein spindeldürrer Modedesigner mit einer nervtötenden Stimme.

In einem alten Plattenladen in Berlin Kreuzberg mit jeder Menge Rock-Fanartikel, fand Pogue die heruntergekommene Schaufensterpuppe auf Rädern samt Fernbedienung aus einer seiner Live-Shows in den späten Siebziger-Jahren.

Er programmierte die eingebaute Sprachsteuerung um, und nachdem das letzte Model weinend den Laufsteg verlassen hatte, gingen alle Lichter aus.

Pogues „Puppe" rollte zum letzten Mal im Spotlight über die Bühne und blieb vor der verdutzten Jury wackelig stehen, als Heidi Klumpfuß den Satz „Du bist zu dick" sagte, explodierte sie.

Der Mode-Killer fuhr mit dem Zug nach München, zu den Dreharbeiten einer der Folgen der endlosen Krimiserie „Fadort".

Während des „Shootings" einer Schießerei zwischen dilettantischen Polizisten und noch dilettantischeren Verbrechern tauschte Pogue die Platzpatronen gegen Echte aus.

Der Regisseur war von der farbenfrohen Performance seine Schauspieler beeindruckt und wurde kurze Zeit später kreidebleich.

Per Autostopp fuhr Pogue im Tourbus einer Metalband, die jungen Musiker waren begeisterte Fans von "The What" und sie jammten gemeinsam bis nach Wien.

Im größten Fernsehstudio des Landes fanden die Aufnahmen zu einer Talentshow namens „Schasmania" statt.

Eine Jury aus Prominenten gab mit Hilfe von roten und grünen Kreuzen eine Wertung für bessere oder schlechtere Sänger und Sängerinnen ab.

Der Sinn dieser Sendung bestand darin, neue Marionetten für die Pop-Welt zu entdecken, die dann alles machen mussten, was in den Knebelverträgen der Plastikmusik-Industrie stand.

Als die Jury bei einem Mädchen mit einer wundervollen Blues-Stimme viermal rot drückte, wurden die Schleudersitze aktiviert und die Kritiker durchbrachen flugs mit ihren Köpfen das Hallendach.

Wieder daheim in Glasgow ging Pogue, nach einem letzten Whisky, todmüde ins Bett.

Jetzt konnte er endlich seinen langen schwarzen Mantel ausziehen, darunter trug er ein T-Shirt mit der Aufschrift:

„Kiss my bass"

Bernie

Bernie ist, oder soll ich besser schreiben war, einer der genialsten Folk-Musiker dieses Landes.

Er konnte dutzende „Folk-Tunes" auswendig und spielte virtuos Mandoline, Banjo, Gitarre und einige andere Instrumente.

Doch Bernie spielt im Moment keine Instrumente und gibt leider auch keine Konzerte, weil er seit 9 Jahren im Koma liegt.

Ich lernte ihn vor etwa 15 Jahren in einem Pub kennen, wo er mit einem befreundeten Pärchen in einer Band namens „Saitensprung" spielte; seine lebenslustige Spielfreude war absolut sehens- und hörenswert.

Einige Jahre später spielten wir zusammen mit einem amerikanischen violin-player einen St.Patrick's Gig in Paddy's Pub (nein nicht der Paddy aus Glasgow, das ist eine andere Geschichte).

Einige Stunden nach dem Konzert schlief ich völlig befriedigt von Musik und Bier auf einer Couch im Pub ein.

Im Morgengrauen erwachte ich durch sich wiederholende knackende Kaugeräusche und schaute verschlafen einem Hund namens Guinness zu, wie er genüsslich meine Brille fraß (crunchy glasses).

Zurück zu Bernie, er war jahrelang in eine Tänzerin verliebt namens Farsia oder Faria oder war es doch Falbala (ich konnte mir ihren Namen nie merken), zusammen tanzten sie jedes Jahr auf dem dreitägigen Folk-Festival bei den Wackelsteinen.

Sie bewegte sich wie eine Elfe und er tanzte um sie herum wie ein verliebter Faun. Es war wunderschön, den beiden zuzusehen, fast wie in einem Märchenfilm.

Nach einigen Jahren des gegenseitigen Umtanzens wurden sie endlich ein Paar, leider währte ihre Liebe nur kurz.

Im darauffolgenden Sommer unternahmen sie eine Bergtour in

Frankreich, die beiden waren nicht nur hervorragende Tänzer, sondern auch extrem sportlich. Kurz vor dem Gipfel des Mont Blanc stürzte Bernie ab und nach 50 Metern freien Fall, blieb er schwer verletzt und bewusstlos liegen. Wahrscheinlich dachte sich seine Seele in diesem Moment, dass er tot sei, und verschwand ins Nirwana. Ein Rettungshubschrauber brachte ihn ins Krankenhaus, seine Verletzungen und Wunden waren nach einigen Wochen verheilt, aber Bernie wachte nicht auf.

Als wir ihn besuchten, bemühten wir uns, ihn mit allen möglichen Tricks zurückzuholen, einer raunte ihm ins Ohr: „Wach auf Bernie, du musst auf die Bühne deine Instrumente stimmen, in 10 Minuten fängt das Konzert an" (Normalerweise holt dieser Spruch jeden Musiker aus dem „Koma").

Ein anderer hielt ihm eine Dose Bier vor die Nase und benetzte seine Lippen mit dem Hopfen-Smoothie.

Wir spielten ihm seine Lieblingsmusik vor und gaben ihm Spielzeugfiguren aus seiner Kindheit in die Hand, er reagierte auf alles, und die lebenserhaltenden Maschinen machten „Bing".

Seine Elfe besuchte ihn jeden Tag und gab ihm all ihre Liebe, doch auch das konnte ihn nicht zurückholen.

Das Traurigste an dieser Liebesgeschichte ist, dass Bernies große Liebe letzten Sommer auf demselben Berg abgestürzt ist, aber leider nicht überlebt hat.

Vielleicht sind ihre Seelen jetzt wieder vereint?

Bis Bernie aufwacht!

Paddy

Der Keyboarder meiner Zweitband „Gumby's Brain" (andere haben zwei Autos, ich hab zwei Bands), wohnte einige Monate in meinem Gästezimmer und gab mir Paddy's Handynummer, weil dieser ein Zimmer suchte.

Einige Tage später rief ich Paddy an und wir trafen uns auf ein Pint Guinness in einem Pub (nein, nicht Paddy's Pub). Aus dem einen Pint wurden natürlich sieben oder acht, so genau weiß ich das nicht mehr.

Paddy ist nämlich ein waschechter Schotte aus Glasgow, die (wie mir sein Bruder Eamonn ein Jahr später erklärte) entweder gar nichts trinken oder saufen, bis sie unter dem Tisch liegen. Okay unter dem Tisch lagen wir bei unserm „ersten Date" nicht, aber es reichte, um wirklich lustig zu sein, mit anderen Worten: Wir verstanden uns auf Anhieb.

Was auch kein Wunder ist, wenn zwei Musiker Folk-Rock, Schottland und Guinness lieben.

Zwei Tage später stand er mit einem Koffer voller Celtic T-Shirts und einem Rucksack mit verschiedenen Flöten und Notenbüchern voller Folk-Songs vor meiner Tür.

Im darauffolgenden Monat hatte er mit seiner Band einen Gig am Folk-Festival bei den Wackelsteinen.

Nachdem die letzte Band um Mitternacht gespielt hatte, fing es an, in Strömen zu regnen, wir tranken einige Biere und jammten bis drei Uhr in der früh auf der überdachten Bühne.

Danach wackelte ich zu einem großen Wigwam, das als Gemeinschaftszelt diente, und Paddy torkelte vor sich hinmaulend „Let's go for another beer" hinter mir her.

Im Zelt angekommen legte ich mich in meinen Schlafsack, Paddy stand nass und immer noch durstig in der Mitte des Zeltes.

Er drehte sich um und wollte das Zelt für die Suche nach einem weiterem Bier verlassen.

Was folgte, war ein lautes „PLATSCH" und ein kleines Erdbeben, gefolgt von noch lauteren schottischen Flüchen. Das Problem war, dass Wigwams runde Eingänge haben, die unten zu sind. Nicht so zu wie Paddy, aber zu.

Als er zurück ins Zelt gekrochen kam, war er bis auf die Knochen durchnässt, ich warf ihm ein trockenes T-Shirt und ein Handtuch zu und wir legten uns schlafen.

Am nächsten Morgen meinte Paddy lakonisch, er sollte heute vielleicht doch mehr Radler als Bier trinken, „Radler, you get pissed, but slowly".

Einer unserer zahlreichen Irish Pub-Besuche in Wien, endete um 4 Uhr in der Früh, nach 12 Guinness und 5 Whisky, mit Paddys Frage an den völlig übermüdeten Besitzer: „Give me another pint, Dennis, will you?"

Einige Monate später, es war bereits November, flogen wir gemeinsam zu seiner Familie nach Glasgow und er stellte mich dieser mit den Worten: "This my evil landlord" vor.

Ich wohnte bei seinem Bruder Eamonn. Da dieser auch ein Künstler ist, verstanden wir uns bestens.

Paddy zeigte mir seine Stadt, die Sehenswürdigkeiten, wie zum Beispiel das Denkmal von General Wellington mit einem Verkehrshütchen auf dem Kopf. Jeden Abend waren wir; wie könnte es anders sein, in Glasgow in einem anderen Pub bei einer der zahlreichen Jam-Sessions.

Paddy spielte auf seiner „Fighting flute" (einer verbogenen Metallflöte mit zahlreichen Beulen), die er immer in seiner Hosentasche transportierte und auf die er sich manchmal draufsetzte.

Ich trommelte auf meiner Bodhrán, und zusammen mit wunderbaren Musikern (darunter auch Paddys Geschwister) spielten und tranken wir jede Nacht.

Eines Abends waren bei einer Session über 30 Musiker.*

Wie die Wellen eines Meeres schwappte die Musik von einer Seite des Pubs in die andere, in der einen Ecke wurde mit einem schottischen Folksong begonnen, der einige Minuten durch den Raum wanderte, bis er bei den Musikern am anderen Ende des Raumes ankam.

Gegen Ende meiner Woche in Glasgow gab es ein kleines Folkfestival in einer Schule am Stadtrand.

Es gab Workshops zu verschiedenen Instrumenten und zahlreiche Konzerte lokaler Schülerbands.

Zwischendurch gingen wir ins nächstgelegene Pub, um das EM-Qualifikationsmatch (für die EM 2008) Schottland gegen Italien anzuschauen.

Das Lokal war bummvoll und die Stimmung unangenehm, während Wales noch gegen England spielte. Als einige Minuten später das Schottland-Match begann, änderte sich die Atmosphäre schlagartig. Obwohl man kaum Platz hatte sein Guinness zu trinken, spürte ich plötzlich eine positive Energie, die den Raum erfüllte.

Dass Schottland leider 1:2 verlor, weil Italien kurz vor Schluss noch einen Freistoß geschenkt bekommen hatte, sei nur nebenbei erwähnt.

Zurück in der Schule, schlich ich mich auf die Bühne, für ein kleines besoffenes Schlagzeug-Solo, danach spielten und tranken wir bis spät in die Nacht.

Als wir um 3 Uhr früh mit dem Nachtbus durchs verregnete Glasgow fuhren, sangen wir Songs von den Pogues, Bob Marley und „I'm gonna be (500 miles)" von den Proclaimers.

Als der Busfahrer zu uns raufstürmte, dachten wir schon, „Der schmeisst uns jetzt raus, weil wir so laut sind", aber er verfolgte nur einen Schwarzfahrer und ignorierte uns völlig.

*siehe Foto in der CD: Dun Ringill "Life, the universe and something completely different"

Nach dieser Woche in Glasgow, in der ich mehr Guinness trank als in einem Monat in Wien, sah ich im Flugzeug das erste Mal die Sonne wieder.

Paddy lebt noch immer in Glasgow, wo er jeden Tag seine verbeulte Flöte spielt und seine Pints trinkt.

Zeichnung: Karl Berger

Crazy Bear

Irgendwann im 15. Jahrhundert versuchte ein Mann namens Christoph Columbus, über den großen Teich zu segeln, um eine neue Welt zu entdecken.

Kurz vor den heutigen Bahamas versanken seine 3 Schiffe in einem Hurrikan, und Columbus ertrank mit all seinen Männern.

Seine Verwandten in Italien und das spanische Königshaus wunderten sich, warum sie nie Post von ihm bekamen.

Die neue Welt wurde nie entdeckt und die Menschen in Europa glaubten weiterhin, dass sie auf einer Scheibenwelt leben würden.

250 Jahre vergingen und die Leute hatten Christoph Columbus längst vergessen.

Im Jahre 1742 hatte der Häuptling der Hopi-Indianer Crazy Bear auf der anderen Seite des Planeten eine Vision.

Er träumte in eindrucksvollen Bildern, dass er mit zahlreichen Booten über den großen Teich segeln und eine bunte Welt entdecken würde.

Am nächsten Morgen schickte er Boten zu den benachbarten Stämmen seines Territoriums und ersuchte die befreundeten Häuptlinge, ihre stärksten Krieger und weisesten Männer und Frauen zu schicken.

Drei Wochen später hatte Crazy Bear eine vielversprechende Truppe aus 72 Kriegern, 19 Schamanen und 5 Heilerinnen.

Das ganze Dorf baute 7 Langboote mit Zelten und Feuerstellen an Deck.

Um sich auf hoher See nicht zu verlieren, verbanden sie die Boote mit dicken Hanfseilen.

Im ersten Langboot, das etwas größer als die anderen war, thronte Crazy Bear in einer kleinen Hütte zusammen mit Star Wart, dem einzigen Schamanen, der die Sterne kannte, wie die Warzen seines

Körpers, und einer Heilerin namens Pushing Daisy, die sich mit allen gängigen Krankheiten auskannte.

Kurz nach dem „Mond der großen Winde" (März) stachen sie in See.

Nach drei Wochen vermissten sie langsam ihre Wälder und Berge, den ganzen Tag sahen sie nur Wasser, Wellen und Fische.

Einige der stärksten Krieger wurden seekrank. Pushing Daisy hatte in weiser Voraussicht vor ihrer Abreise zahlreiche Heilkräuter und Pflanzen gesammelt, um jeden zu kurieren.

Einige besonders mutige Krieger kletterten über die Seile, zu den anderen Booten, um Nachrichten und Heilmittel auszutauschen.

Nach zwei Monaten auf hoher See wurden ihre Vorräte langsam knapp und sie jagten einen Zwergwal, den sie mit ihren Booten eingekreist hatten. So gab es einige Tage lang für alle genug zu Essen.

Im Sommer des Jahres 1742 landeten sie am Strand in der Nähe von Santiago de Compostela.

„Wahrscheinlich bedeutet das heiliger Komposthaufen", witzelte einer der Schamanen.

Aus ihren Booten bauten sie an der Küste von Spanien, ein kleines Dorf und Crazy Bear meinte zufrieden:

„Das ist jetzt unser Land, denn wir haben es entdeckt."

Irmi

Ich lernte Irmi in einem Kurs für Tagesmütter und -väter kennen. Hätte mir damals jemand erzählt, dass ich einmal ein Vierjahres-Vater werde würde, hätte ich ihn ausgelacht.

Irmi war damals gerade mit ihrem 3. Sohn Emil schwanger.

Der erste Blick in ihre Rehaugen war entscheidend, sie waren voller Licht und Gutmütigkeit mit ein wenig Traurigkeit.

Sie erzählte mir von ihrer Familie und ihren Problemen, manchmal musste ich sie trösten und manchmal lachten wir zusammen.

Nach drei Wochen Kurs hatten wir uns angefreundet und unsere Handynummern bzw. Telefonnummern ausgetauscht.

Drei Monate passierte gar nichts, keiner rief den anderen an. Jeder hatte mit seinem eigenen Leben genug zu tun.

Aus heiterem Himmel rief mich Irmi eines Tages an und wir gingen italienisch essen. Diesmal versank ich ganz in ihren Augen und erhaschte einen tiefen Blick in ihre Seele.

Ein weiteres Jahr verging mit seltenen Telefonaten, und im Herbst – Emil war inzwischen auf der Welt – klagte sie mir das erste Mal ihr ganzes Leid.

Ich erspare euch die Details, es ist der alte Blues über Vernachlässigung, Lieblosigkeit und Überforderung.

Wir telefonierten gut zwei Stunden und danach ging es ihr etwas besser.

Im Frühling des drauffolgenden Jahres besuchte sie mich mit ihrem inzwischen einjährigen Emil, sie sah damals wirklich nicht gut aus, ihre Rehaugen waren voller Traurigkeit und das Licht ihrer Gutmütigkeit war kaum noch zu erkennen.

Ihr Blues klang inzwischen wie eine Gothic-Ballade und sie wollte nur noch weit wegrennen von ihrem momentanen Leben.

Danach besuchte sie mich einmal pro Woche, um zu reden und sich zu erholen, meistens mit Emil und einmal mit allen drei Kindern.

Die Monate vergingen und eines Sonntags im Sommer kam sie allein. Während wir redeten, meinte sie so nebenbei, dass sie gerne mit mir schlafen würde.

Ich erspare euch die Details, ein Gentleman genießt und schweigt.

An einem kühlen Septemberabend stand sie mit allen Kindern und einigen Habseligkeiten vor der Tür und fragte, ob sie heute Nacht hierbleiben könnte. Dass aus dieser einen Nacht fast vier Jahre werden sollten, konnte ich damals nicht voraussehen.

Die großen Jungs, der fünfjährige Lars und sein fast vierjähriger Bruder Konrad schliefen auf meiner Couch im Wohnzimmer und Irmi, der Kleine und ich in meinem Schlafzimmer.

Am nächsten Morgen fragt mich Irmi, ob sie und ihre Kinder ganz dableiben könnten: sie schaffe es einfach nicht mehr zurückzukehren. Mit einem kleinen Schlucken nickte ich.

In den nächsten Wochen gab es die üblichen Probleme mit dem Jugendamt, dem leiblichen Vater und den Behörden, aber es ging alles ohne Tote und Verletzte gut aus.

Mein Haus der Künstler und Musiker verwandelte sich in einen Kindergarten. Normalerweise hört man bei mir Schlagzeug und andere Musikinstrumente, jetzt erschallten im Haus Kinderlachen und Geschrei.

Meine Mitbewohner waren „not amused". Neben mir wohnten noch Freddy, ein Tennissüchtiger, Andy, mein Tontechniker und ältester Freund mit seiner Kathy, und Judith, eine Flötenspielerin auf der Suche nach sich selbst, alles zusammen 6 Erwachsene, 3 Kinder und 2 Katzen namens Monty und Python.

Freddy war der Erste, der auszog, eines Abends war sein Zimmer leergeräumt und er war weg, ein halbes Jahr später suchte sich Judith woanders selbst, und ein Jahr später bekam Kathy eine Wohnung. Nur Andy behielt sein Zimmer, kam aber immer seltener nach Hause und übernachtete bei seiner Freundin.

Monty ließ sich von den Nachbarn verwöhnen, er wurde ein Streuner und Schnorrer auf leisen Pfoten.

Irmi ging es nach der Karenzzeit etwas besser und sie fand einen Job in einem netten Kindergarten, ihr Blues wurde langsam zu einer Reinhard Mey-Ballade.

Alle Erlebnisse mit den Kindern zu erzählen würde den Rahmen einer Kurzgeschichte sprengen, einige wenige will ich euch aber nicht vorenthalten:

Beim Camping-Urlaub im ersten Sommer bekam der 15 Monate alte Emil von mir den Spitznamen „Gucki-Plumps", weil er beim Gehen alle zwei Meter auf dem Bauch landete.

Am St. Patricks-Day im ersten Jahr machte ich ein Foto von Emil, auf dem er mit seiner Zahnlücke ausschaut wie Shane MacGowan von den Pogues.

Im Alter von drei Jahren stand Emil vor einer katholischen Kirche, schaute auf die lebensgroße Jesus-Statue über dem Eingangstor und fragte: „Kasperl?"

Zu Weihnachten im zweiten Jahr brüllte Lars frühmorgens: „Ich weiß, wer das Christkind ist!" und ich „Morgenmuffel" maulte zurück: „Ja, Herr Klugscheiss?", worauf Konrad brüllte: „Sag nicht Herr Klugscheiss zum Christkind!"

Auf einer Wanderung durch einen Wald im Sommer des dritten Jahres kamen wir zu einer Gabelung, ein Weg führte steil bergauf in den Wald, Lars und Konrad schrien begeistert: „Das ist der Richtige, wir sind uns ganz sicher!" und schon waren die beiden im Dickicht verschwunden. Ich meinte noch: „Bleiben wir lieber auf dem breiten geraden Weg", aber es war hoffnungslos, also ging ich und Emil den geraden Weg und Irmi folgte den großen Jungs.

Beide Wege waren Sackgassen: der gerade endete in einem Feld toter Bäume und der Waldweg bei einem verschlossenen Tor.

So wie mir Irmi damals sagte, dass sie mit mir schlafen wolle, sagte sie mir im Jänner des vierten Jahres, dass sie das jetzt nicht mehr wolle.

Einige Tage später meinte sie, sie braucht mich jetzt nicht mehr, es ist Zeit zu gehen.

Ihre Liebe, die auf Hilflosigkeit, und meine Liebe, die auf Hilfsbereitschaft aufgebaut war, war nicht mehr vorhanden.

Drei Monate später zog sie mit ihren Kindern in eine große Wohnung und wir verloren uns aus den Augen.

Ob Lars, Konrad und Emil mich noch kennen, wenn sie einmal erwachsen sind...???

Zeichnung: Karl Berger

Der Finanzminister

Jahrzehntelang haben milliardenschwere Unternehmen wie Starfucks, MacPonalds, Nasty und Möbelhäuser mit komischen Elchen, mit unzähligen Filialen auf der ganzen Welt die Länder, in denen sie ihre Millionenumsätze machen, um ihre Steuern geprellt.

Da die Menschen verlernt hatten, sich selbst einen Kaffee oder sich was zu kochen, den Wasserhahn und ein Glas zu benützen, mussten sie Kaffee aus Plastikbechern trinken, weiches Weißbrot mit billigem Fleisch aus der Massentierhaltung essen und (für die Firma kostenloses) Wasser aus teuren Plastikflaschen kaufen. Nur ihre billigen Möbel mussten sie noch selber zusammenbauen.

Vor den MacPonalds-Filialen sangen die Kinder im Chor:

> "I want my happy meal and my plastic-toy"
> "I want my happy meal and my plastic-toy"
> "I want my happy meal and my plastic-toy"
> "I feel sick"

In den meisten westlichen Ländern galt Steuerhinterziehung als Kavaliersdelikt.

Die Steuerberater dieser Welt erfanden unzählige Methoden der Steuerzahlungsvermeidung.

Früher waren es nur Stiftungen, für erfundene Hilfsprojekte, in denen das Geld versteckt wurde.

Jetzt gab es Firmensitze auf Inseln, wo keiner wohnt, Gebäude mit 2000 Briefkastenfirmen und Hauptzentralen in Steueroasen, wo der Umsatz der einzelnen Filialen aus anderen Ländern als Lizenzgebühr abrechnet wurde.

Also: eine Firma verlangt von den firmeneigenen Filialen eine

Scheingebühr, um in dem Land, in dem sie ihren Umsatz machen, keine Steuern zahlen zu müssen.

So zahlten sie trotz Millionenumsätzen oft weniger als 1000 Euro im Jahr.

Der neue Finanzminister war ein unbestechlicher Wirtschaftsprofessor und seine erste Amtshandlung war, eine Großrazzia der Finanz-Polizei in allen Unternehmen zu starten, die trotz Millionenumsätzen weniger als 0,1 Prozent Steuern zahlen.

Während kleine Geschäfte, die ums Überleben kämpften, regelmäßig von Steuerprüfern heimgesucht wurden, gab es kaum Kontrollen in den großen Konzernen.

Die letzten Stiftungen wurden aufgelöst und das Geld auf die angegebenen Hilfsprojekte verteilt.

Eine Reichensteuer mit moderaten 25% wurde beschlossen. (in Amerika gab es einmal eine Reichensteuer von unglaublichen 91%.)

Die Steuerrückzahlungen von Starfucks, MacPonalds, Nasty und den Elchen betrugen einige Milliarden Euro, die der Finanzminister sinnvoll für Kindergärten, Krankenhäuser und soziale Einrichtungen verwenden konnte.

Die großen Firmen schlossen beleidigt ihre Filialen in Österreich und die Menschen lernten wieder Leitungswasser zu trinken, Essen und Kaffee zu kochen.

Die Elche mussten ihre Möbel selber zusammenbauen und MacPonalds eröffnete eine Filiale auf einer unbewohnten Insel.

Der Koboldkönig

Es war einmal eine kleine weise Königin, die regierte über 30 Jahre lang im Land der grünen Hügel.

Ihr Königreich mit dem Wappen einer grünen Häsin war nicht sehr groß. Es bestand aus einem Tal mit einem kleinen Dorf und einer alten baufälligen Burg, umringt von kleinen grünen Bergen.

Der einzige Weg in dieses Tal führte über einen Bergpfad durch einen finsteren Wald und war sehr verschmutzt.

Die Kobolde, die dort wohnten, verrichteten ihre Notdurft immer am Rand und manchmal auch in der Mitte des Weges, deshalb nannten ihn die Leute auch die „Buhatschi-Gasse".

Der König der Kobolde lebte in einem kaputten Haus in der Mitte des etwa 200 Meter langen Weges neben einem Bach, in dem es keine Fische mehr gab, weil er voller Müll und Unrat war.

Die alte Königin war müde, sie wollte einfach nicht mehr regieren und suchte einen Nachfolger. Doch ihr Sohn Prinz Falter wollte nicht König werden und ihr Stiefsohn Prinz Valium war zwar ein netter Kerl, aber lag den ganzen Tag in der Hängematte.

So entschied sie, am Tag nach dem nächsten Neumond eine Königswahl zu veranstalten, woran alle Menschen des Tales teilnehmen durften.

Als König Rollschlange von den Kobolden davon hörte, wurde er furchtbar wütend und tobte: „Wie kann sie es wagen, nur Menschen nur Wahl zuzulassen?"

Der Unterschied von Kobolden zu Menschen war, abgesehen von Aussehen und Geruch, dass sie zehnmal so alt wie Menschen wurden.

König Rollschlange war bereits über 500 Jahre alt und lebte mit sehr jungen Kobolden, die noch keine 200 Jahre alt waren, zusammen in seinem Haus.

Es gab auch noch einige andere Hütten mit Kobolden, darunter auch einige weibliche, doch alle gehorchten ihrem König und hassten die Königin.

Am Tag der Wahl verkleideten sich die Kobolde als Menschen, sie wuschen sich im Bach, zogen sich schöne Kleider an und setzten sich Hüte und Perücken auf, die sie den Reisenden auf dem Weg ins Tal gestohlen hatten.

Die Wahlversammlung fand im großen Rittersaal der alten Burg statt, fast alle Bewohner des Tales waren gekommen.

Neben Prinz Valium standen noch andere Kandidaten, die König werden wollten, darunter Gottfried der Kutscher und Willhelm der Zeitungsmacher.

Plötzlich wurden die großen Flügeltüren aufgestoßen und eine Horde seltsam gekleideter Gestalten betrat den Rittersaal.

Eine laute Stimme rief: „Ich bin Rollfuß vom hellgrünen Berg, wo die Sonne immer scheint, und möchte König werde!"

Der weißhaarige Zauberer stand auf, klopfte mit seinem langen Zauberstab auf den Boden und brüllte: „Du bist Rollschlange vom finsteren Wald, wo die Sonne niemals scheint! Du kannst nicht König werden, weil du ein Kobold bist!"

„Nein, nein, wir sind Menschen!", schrien Rollschlange und die Kobolde zusammen mit einigen Leuten, die sich von den Verkleidungen täuschen ließen.

Da dem Zauberer keiner mehr zuhörte und alle durcheinander schrien, verließ er wütend die Versammlung.

Da der Koboldkönig mit seinem Gefolge mehr Stimmen hatte, als alle anderen Kandidaten, wurde er König im Land der grünen Hügel.

Er verkaufte sein Haus im finsteren Wald und zog mit seinen jungen Kobolden in die Burg.

Die anderen Kobolde konnten jetzt im ganzen Dorf Schabernack treiben.

Die weise Königin ging in ein Heim für alte Königinnen, und das neue

Wappen des Königreiches wurde eine graue Häsin mit spitzen Ohren.

Der alte Zauberer nahm seinen Zauberstab und verließ mit den Worten: „Wählt, ihr Narren, wählt!" das Tal, um sich mit einigen Zwergen auf eine unglaubliche Reise zu begeben, doch das ist eine andere Geschichte.

Drei feine Damen

Drei feine Damen wandern durch das Land.

Sie kommen in ein Dorf in einem Kriegsgebiet,
Frauen kümmern sich um ihre verletzten Kinder,
Männer suchen in den Ruinen ihrer zerstörten
Häuser nach etwas Essbaren.

Die drei feinen Damen reden miteinander.

„Da muss man doch was machen",
meinte die Erste.

„Den Menschen muss man helfen",
meinte die Zweite.

„Da muss man die Häuser wieder aufbauen",
meinte die Dritte.

Und sie gingen weiter.

Die drei feinen Damen kommen nach Afrika,
In ein Dorf ohne Wasser mit hungernden Kindern.

Die drei feinen Damen reden miteinander.

„Da muss man doch was machen",
meinte die Erste.

„Den Menschen muss man helfen",
meinte die Zweite.

„Da muss man einen Brunnen graben",
meinte die Dritte.

Und sie gingen weiter.

Die drei feinen Damen kommen in eine große Stadt,
mit vielen bunten Geschäften.

An der Ecke eines Hauses sitzt ein Obdachloser
in zerlumpten Kleidern und bettelt.

Die drei feinen Damen reden miteinander.

„Da muss man doch was machen",
meinte die Erste.

„Den Menschen muss man helfen",
meinte die Zweite.

„Da muss man ein Haus für die Obdachlosen bauen",
meinte die Dritte.

Und sie gehen weiter.

Die drei feinen Damen kommen auf ein großes Fest und
Treffen ihre drei feinen Ehemänner.

„Ich verkaufe die Waffen nur.
Wenn die Leute damit Krieg machen, ist das nicht mein Problem",
meinte der Mann der ersten feinen Dame.

„Ich kaufe die Nahrungsmittel nur billig in Afrika.
Wenn die Leute dann dort verhungern, ist das nicht mein Problem",
meinte der Mann der zweiten feinen Dame.

„Ich vergebe die Kredite nur, wenn die Leute ihre Schulden
nicht mehr zurückzahlen können, ist das nicht mein Problem",
meinte der Mann der dritten feinen Dame.

Und sie gehen weiter…

Der falsche Schuss

Kurz vor dem Ende des zweiten großen Krieges, als die Nationalsozialisten, die alles andere als sozial waren, wussten, dass sie diesen Krieg verloren haben, beschlossen die hohen Herren sich noch ein letztes Mal an Österreich zu bereichern.

Zahlreiche alte Kunstwerke (nicht entarteter Künstler) wurden aus ihren Rahmen geschnitten und unter der Hand verkauft oder wanderten in Privatbesitz.

Unzählige Kunstwerke österreichischer und deutscher Künstler verschwanden aus Museen und anderen öffentlichen Gebäuden des Landes.

Da die meisten Beamten nur sogenannte Schreibtischtäter und keine großen Kriegsverbrecher waren, bekamen sie auf Umwegen ihre alten Jobs in den bürokratischen Einrichtungen der neuen Republik wieder.

Jedes System, egal ob Faschisten, Kommunisten, Demokraten oder Andersgläubige, braucht Beamte.

Da diese ehemaligen und gleichzeitig neuen Mitarbeiter der Bürokratie genau wussten, was mit den originalen Kunstwerken geschehen war, beauftragten sie arbeitslose Künstler, Fälschungen der berühmten Kunstwerke anzufertigen.

Diese hängten sie dann an die alten Plätze, während die originalen Werke in privaten Sammlungen und im Ausland verschwanden.

Eines dieser Kunstwerke hatte den Titel „Der Schuss" und zeigte das Attentat von Sarajevo, das zum ersten Weltkrieg führte. Ob der Attentäter wirklich nur ein kleiner serbischer Student oder ein bezahlter Killer war, wird für immer ein Geheimnis der Geschichte bleiben.

Das Gemälde zeigt im Vordergrund den Attentäter mit gezückter Waffe, wie er auf Franz Ferdinand und seine Gemahlin schießt.

Im Hintergrund sieht man ein typisches Stadtbild der damaligen Zeit mit einigen alten Häusern sowie entsetzten Menschen.

Ein kleiner Beamter des Außenministeriums namens Schumacher schnitt das Bild, einige Tage, bevor die Russen in Wien einmarschierten, aus seinem Rahmen, rollte das etwa zwei mal drei Meter große Bild, wie einen kleinen Teppich zusammen und versteckte es im Keller seines beschädigten Hauses am Stadtrand von Wien.

In den Nachkriegsjahren blühte der Schwarzmarkt. Da die Menschen sich viele Sachen nicht leisten konnten und einiges im normalen Handel nicht erhältlich war, wurden Waren aller Art in dunklen Gassen verkauft.

Eines Tages traf Schumacher einen selbsternannten Antiquitätenhändler, der mit gestohlenen Kunstwerken handelte. Da der kleine Beamte dringend Geld brauchte, um seine Familie zu ernähren, vertraute er dem Kunsthändler sein Geheimnis an, und dieser erzählte ihm von einem amerikanischen General, der Kunstwerke aller Art kaufe.

Man einigte sich auf einen Preis, der weit über dem Jahresgehalt eines Beamten lag, und einen Übergabetermin in zwei Monaten.

Als Schumacher zu Fuß nach Hause ging, packte ihn das schlechte Gewissen. Im Keller holte er das Bild aus seinem Versteck und betrachtete es lange, er bewunderte die feinen Pinselstriche und die perfekten Konturen der Gesichter und plötzlich hatte er eine Idee.

Am nächsten Morgen packte er etwas Essen in seinen Rucksack und machte sich zu Fuß auf, um am anderen Ende der Stadt nach einem alten Freund zu suchen, der auf der Akademie Kunst studiert hatte.

Einige Tage später fand er seinen etwas verwirrten Freund in einem ausgebombten Haus, wie er gerade versuchte, mit Erde, Schutt und Wasser Farben zu mischen.

Der Beamte erzählte ihm von dem Bild, und die Augen des Kumpels begannen zu leuchten, auf der Akademie hatte er einmal zu Übungszwecken einige Kopien berühmter Gemälde angefertigt, die Akademie und alle ihre Kunstwerke wurden im Krieg aber völlig zerstört.

Schumacher nahm seinen Freund bei der Hand und sie wanderten zurück zu seinem Haus. Unterwegs suchten sie in den Trümmern der Akademie nach Farben und Malutensilien.

Zu Hause gingen sie in den Keller und der Künstler fing an, an der Kopie vom „Schuss" zu arbeiten. Es dauerte fünf Wochen, in denen sie mehrmals zu den Trümmern der Akademie zurückkehrten, um neues Material zu suchen, bis der „falsche Schuss" endlich fertig und trocken war.

Schumacher brachte das Werk in einer Nacht-und Nebelaktion zum Kunsthändler, und dieser verkaufte es um teures Geld weiter an den amerikanischen General, Beamter und Künstler (mitunter natürliche Feinde) teilten sich das Geld und so konnten beide wieder ihr Leben aufbauen.

Einige Monate später war auch das Außenministerium wieder aufgebaut, und Schumacher bekam seinen alten Job wieder.

Einige Jahre später erzählte er in einem vertraulichen Gespräch seinem neuen Chef, dass er ein Kunstwerk des Ministeriums gerettet hat, und wurde befördert.

„Der Schuss" bekam einen neuen Rahmen und hing wieder an seinem alten Platz im Büro des Außenministers.

Dort hängt es bis heute. Ob es wirklich der „echte" oder der „falsche Schuss" ist, wusste nur Schumacher und dieses Geheimnis hat er mit ins Grab genommen.

Der alte Tiger

Der alte Tiger lag gelangweilt in der Ecke im neuen Gehege mit den dicken Glasscheiben, obwohl sein neues Zuhause im Tiergarten größer ist, vermisst er seinen alten Käfig.

Früher mussten die Besucher 1-2 Meter Abstand zum Gitter halten, heutzutage grinsen sie ihm aus nächster Nähe direkt ins Gesicht. Die jungen Tiger, mit denen er zusammenlebte, spielten den ganzen Tag mit den Seilen und Bällen auf dem neuen Klettergerüst, während er sich nur aus seiner Ecke bewegte, wenn es was zu fressen gab.

Eines Nachts fing er an mit seiner scharfen Kralle am Glas zu kratzen, das Geräusch, dass dabei entstand war schrecklich, doch das störte ihn nicht, da er schon ziemlich taub war, und die jungen Tiger waren vom vielen Spielen müde und hatten einen tiefen Schlaf.

Wochenlang kratzte er an der dicken Glasscheibe, da der Tiergarten nachts menschenleer war, hörte auch kein anderer das quietschende Geräusch, und eines Nachts hatte er ein kleines Loch geschaffen, in dem er herumbohrte und weiter kratzte.

Niemand fiel das kleine Loch auf, da er tagsüber in seiner anderen Ecke, weit weg von den grinsenden Menschen, lag.

Einige Nächte später, während des schönsten Kratzens und Bohrens, machte es plötzlich „KRACKS" und ein langer Sprung bildete sich quer über die riesige Glasscheibe.

Der alte Tiger erschrak fürchterlich und flüchtete in seine Ecke.

Mit einem lauten Knall zerbrach die Glasscheibe in tausend kleine Stücke.

Die jungen Tiger wachten auf und schauten sich verwirrt um, da sie in Gefangenschaft geboren wurden, legten sie sich nach kurzer Zeit wieder nieder.

Der alte Tiger jedoch wurde als Jungtier im Dschungel von Indien gefangen und kannte noch das Gefühl von Freiheit.

Vorsichtig verließ er sein kleines Revier und schlich langsam zum nächsten Gehege mit saftigen Gnus. Wäre er noch jünger, würde er jetzt mit einem gewaltigen Satz über den Zaun springen und eines von ihnen reißen.

Er bewegte sich unauffällig im Schatten, bis er vor einer großen Mauer stand, er versuchte über sie zu springen, kam aber gerademal bis zur Hälfte.

Der alte Tiger versuchte es noch einmal, allerdings mit Anlauf und landete zuerst auf dem Bauch und beim nächsten Versuch auf dem Rücken.

Beim fünften Versuch schaffte er es endlich, mit Müh und Not auf die Mauer.

Auf der anderen Seite war die Stadt mit ihren unzähligen Häusern, Straßen und Autos.

Er bewegte sich leise zwischen den parkenden Autos, mitten in der Nacht sind zum Glück fast keine Menschen auf der Straße, sonst wäre schon längst eine Panik ausgebrochen.

Als der Tiger um die nächste Ecke schlich, erschrak er und der Betrunkene ihm gegenüber gleichzeitig.

Der Betrunkene rannte aber nicht schreiend davon, sondern schüttelte nur heftig seinen Kopf und während er weitertorkelte lallte er nur:

„Isch schollte weniger schaufen isch scheh schon Tiga."

Im Morgengrauen erreichte der alte Tiger den Stadtrand und versteckte sich im Unterholz eines kleinen Waldes in der Nähe eines einsamen Hauses und schlief erschöpft ein.

Am Abend erwachte er von lauten Sirenen und Geschrei, die ganze Stadt war in heller Aufregung.

Der Tiger schlich langsam zu dem Haus und wollte sich gerade im Schuppen verstecken, als die Tür aufging.

Ein alter Mann mit langen weißen Haaren kam heraus, er hörte den Lärm aus der Stadt, und schaute dem Tiger tief in die Augen.

Nach einigen Sekunden sagte er mit sanftem Ton: „Komm rein", der Tiger folgte dem Alten in seine Hütte und machte es sich auf der Couch bequem.

Der Mann holte einige Steaks aus dem Kühlschrank und legte sie vorsichtig auf den Tisch vor dem Sofa, mit dankbarem Genuss wurden sie verschlungen.

Der Alte holte sich eine Tasse Tee, setzte sich auf den Sessel gegenüber dem Tiger und dachte nach, wie er ihm helfen könnte. Als er noch jung war, lebte er einige Jahre bei den Indios im Regenwald Amazoniens.

Ein uralter Schamane brachte ihm damals den „Zauberspruch der Verwandlung" bei, er selbst hatte zwar diesen Spruch niemals angewendet, aber er wusste noch, wie er geht.

Er bereitete alles im Garten hinter seinem Haus vor, zum Glück war heute Vollmond, eine der Bedingungen für das Ritual.

Danach holte er den alten Tiger und mit der Hilfe eines weiteren Steaks brachte er ihn dazu sich in die Mitte des Steinkreises mit Kerzen zu legen.

Der alte Mann fing an eine kleine Trommel zu schlagen und in der Sprache der Indios zu singen.

Nach einigen Minuten erschien ein grüner Nebel, der immer dichter und dichter wurde, während sich der verwirrte Tiger flach auf den Boden legte.

Als der Nebel den ganzen Garten umhüllt hatte, machte es plötzlich „POFF" und er verschwand so schnell, wie er gekommen war.

Alle Kerzen gingen aus, es war stockfinster und der alte Mann hörte ein ängstliches „MIAU".

Er fing an laut zu lachen, das Ritual hatte funktioniert, er hatte es geschafft, den alten Tiger in ein kleines Kätzchen zu verwandeln.

Jetzt musste er sich beeilen, denn der Zauberspruch würde nur 24 Stunden halten, er packte seinen Rucksack und reservierte telefonisch zwei Flugtickets.

Am Morgen fuhr er zuerst zu einem Tierarzt, wegen einer Bestätigung, dass die Katze gesund ist. Wenn der Tierarzt wüsste, dass er da eben einen Tiger untersuchte, hätte er ihm wahrscheinlich keine Spritze gegeben, und danach fuhren sie zum Flughafen.

Der Flug nach Indien dauerte 8 Stunden, und am späten Nachmittag erreichten die beiden Delhi.

Mit einem klapprigen Taxi fuhren sie an den Stadtrand und der alte Mann verschwand zur Verblüffung des Taxifahrers mit seiner Katze im Dschungel.

In der Abenddämmerung, inzwischen waren die 24 Stunden fast vorbei, fanden sie eine Lichtung auf einem kleinen Hügel.

Der alte Mann setzte sich müde zu einem Baum und holte den Katzentiger endlich aus seinem Käfig, er streichelte ihn und schlief vor Erschöpfung ein.

Als er am nächsten Morgen erwachte, lag wieder ein Tiger neben ihm, er streichelte ihn noch ein letztes Mal und der Tiger schnurrte und stand auf.

Während er langsam Richtung Wildnis trottete, drehte er sich noch einmal um und der alte Mann hatte das Gefühl, dass der alte Tiger ihn kurz anlächeln würde.

Mit einer Freudenträne im Auge, schaut er ihm noch lange nach, als dieser schon längst im Dschungel verschwunden war.

Das Konzert II*
oder
„Wos brauchst Noten, waunsd gsund bist"

Im Sommer 2004 veranstaltete eine befreundete Band ein Ethno-Groove-Festival auf der Araburg bei Kaumberg.

Neben der Gastgeberband „Didg'n'Drums" spielten eine Frauencombo namens „Trommelfeuer" und der Kindergarten von Jethro Tull, also wir „Dun Ringill".

Unser Gig stand unter keinem guten Stern, da der Bassist eine Woche vor dem Konzert die Band verlassen hatte und danach nicht mehr erreichbar war (wir wissen bis heute nicht, was aus ihm geworden ist) und Thomas, unser Gitarren- und Mandolinenspieler zurzeit des Festivals mit seiner Familie auf Urlaub weilte, waren nur Martin, der Didgeridoospieler, und meine Wenigkeit als Schlagzeuger verfügbar.

Als Ersatz-Bassist nahmen wir Andy, der nur zwei Basslines („Peter Gunn" und eine Blues-Hookline) spielen konnte.

Martin reiste mit seiner Fallschirmspringer-Clique an, Andy und ich wurden von Clemens unserem Ex-Gitarristen, der leider keine Zeit zum Mitspielen hatte, zum Festival gefahren.

Auf einem kleinen Waldweg schleppten wir unsere Instrumente in der Mittagshitze den Kaumberg rauf.

Zum Glück mussten wir nur das Didgeridoo, den Bass und einige Percussions-Instrumente mitnehmen, das Schlagzeug und die Verstärker wurden von der Gastgeberband zur Verfügung gestellt.

„Das Konzert" siehe: Chris Sokop "Pogue Mahone oder warum die Christen Schuld am Klimawandel sind", Zwiebelzwerg Verlag 2016.

Oben angekommen brauchten wir erstmal ein Bier, zum Glück gab es im Vorhof der Burg ein kleines Lokal.

Nach dem zweiten Bier fingen wir mit dem Soundcheck auf der Bühne mit dem steilansteigenden Burghof an.

Beim dritten Bier machten wir eine Bandbesprechung: „Also wir fangen ethnopinkfloydisch an und Andy setzt dann irgendwann mit „PETER GUNN" ein".

Während die Sonne langsam unterging, fingen wir zusammen mit einem vierten Bier an zu spielen.

Martin eröffnete das Festival mit einem Didgeridoo-Solo, gefolgt von sphärischen Getrommel meinerseits und Andy zupfte irgendwas am Bass.

Unser psychodelisches Intro dauerte 14 Minuten, bis Andy sich an die Bass-Line von „PETER GUNN" erinnerte.

Das vor sich hindämmernde Publikum war mit einem Schlag hellwach und wir grooten breit grinsend danach noch einen rockigen Blues und nach einer weiteren Psychedelic-Rocknummer beendeten wir unseren Gig. Zum Glück mussten wir nur 45 Minuten lang spielen, denn uns ging langsam der Text aus, weil wir damals eine reine Instrumentalband waren.

Mit einem wohlverdienten Bier kletterten wir langsam hinter dem Publikum auf den fünfstöckigen Burgturm. Oben machten wir erstmal einen „Jabberwocky" (die Leute, die den Film von Terry Gilliam gesehen haben, wissen was ich meine), mit Trommel-Soundtrack im Hintergrund.

Nachdem wir uns genug von unserm Gig erholt hatten, die wunderbare Aussicht langweilig wurde und unsere Biergläser leer waren, wanderten wir, während bereits die dritte Band spielte, wieder Richtung Burglokal.

Als wir bei der Bühne vorbeikamen, schrie der Keyboarder panisch in sein Head-Mikro:

„Wo sind meine Noten?!“
„Wo sind meine Noten?!“

Im Vorübergehen brüllte ich ihm grinsend zu:

„Wos brauchst Noten, waunsd gsund bist“

Das Publikum lachte, der Keyboarder hatte Zeit seine Noten zu suchen und wir holten uns noch ein Bier.

Assassin's Ladder-Man

Ente Autotürre kletterte von einem Fenster zum nächsten, das 3. Klofenster im 2. Stock war offen, doch er konnte nicht einsteigen, sondern hing nur am Sims, weil ein dicker Kreuzritter gerade sein Geschäft verrichtete und in dem Moment, als er seine Kapuze beim Fenster hineinsteckte, eine Stinkbombe zündete.

Entes Rauchbomben waren ein Dreck dagegen und so fiel er bewusstlos in den Hof des Palastes, wo er zum Glück in einem Heuwagen landete.

Während er im Heu lag, träumte er davon die Pyramiden von Gizeh hinunter zu surfen.

Zwei Minuten später erwachte er wieder und fing an zu pfeifen, ein französischer Soldat fühlte sich angesprochen und begutachtete den Heuwagen wie eine wunderschöne Konkubine.

Es folgte ein Geräusch, wie ein Rauschen im Blätterwald, der Soldat war in ein anderes Universum verschwunden, in dem mehr Platz war, als in Doktor Who's Tardis, und der Heuwagen rülpste.

Ente Autotürre sprang aus dem Heuparadoxon und kletterte aufs Dach des Palastes, von dort hatte er einen wunderbaren Ausblick auf Venedig, weil ein Adler ihm auf einer Fahnenstange Platz machte, er sprang wie Jesus in die Tiefe und landete nach 1000 Metern im freien Fall, währenddessen er ein Sandwich aß und eine Zigarette rauchte, schon wieder in einem Heuwagen.

Frustriert ritt er mit einem Pferd, manchmal auch auf einem Kamel, das ebenfalls kommt, wenn er pfeift, zum Bahnhof und fuhr nach London.

Während der endlosen Zugfahrt wurde ihm langweilig und er kletterte aufs Dach, um von Waggon zu Waggon zu hüpfen.

Andere Passagiere die dieselbe Idee hatten, um etwas frische Luft zu schnappen, schupste er einfach vom Zug und sie wirbelten wie Gummibälle durch die Landschaft.

In London angekommen sammelte er Bierflaschen, Zeichnungen sowie getrocknete Blumen und brachte sie zur Recyclingstelle für Glasflaschen, Altpapier und Biomüll.

Die Spieluhren, die er ebenfalls gefunden hatte, verkaufte er einem Antiquitätenhändler, und da seine „Ich muss aufpassen, dass ich mir die Pulsadern nicht aufschlitz"-Klingen wieder einmal verrostet waren, kaufte er sich für das Geld einen Ladder-Man.

Am Nachmittag schoss er eine Hängematte aus seinem Assassinen-Handschuh, spannte sie zwischen die zwei Türme von Westminster Abbey und machte erstmal Siesta.

Mit seiner neuen Werkzeug-Waffe konnte er hunderte Kleinkriminelle auf -zigverschiedene Arten hinrichten, einigen bohrte er ein Loch ins Knie, anderen verdrehte er mit der Zange die Nase und einen sägte er sogar in der Mitte durch, aber das dauerte zu lange.

Seine Blutspur führte quer durch London zum Hafen an der Themse, dort heuerte er auf einem Piratenschiff an und segelte in die Karibik.

Unterwegs überfiel er mit der Crew zahlreiche englische und spanische Schiffe.

Ente Autotürre freute sich wie ein kleines Kind, als er entdeckte, dass sein Ladder-Man auch einen Enterhaken hatte.

Als das Schiff mit jeder Menge Holz, Metall und Gold in Tortenhugo ankam, ging er von Bord und trank so lange Rum, bis er am nächsten Morgen mit einer schwarzen Fahne schon wieder in einem Heuhaufen erwachte.

Zum Glück hatte er auf seinem Ladder-Man auch eine Zahnbürste.

NACHTDIENST

EIN OBDACHLOSES THEATERSTÜCK

PERSONEN

KARL: ein groß gewachsener alter Obdachloser

FRANZ: ein sportlicher Obdachloser mittleren Alters

WALTER: ein dicker obdachloser Philosoph

THOMAS: ein junger Junkie

JOHANN: ein älterer Junkie

MARTIN: ein Sozialbetreuer

PETRA: eine alte dicke Prostituierte

ANDREAS: ein junger Alkoholiker

Sowie

Ein Nachbar

Ein Notarzt

Zwei Sanitäter

Zwei Polizisten

Ein Bäcker

Andere Obdachlose und Junkies

DIE BÜHNE

IN DER LINKEN ECKE: ein kleines Büro mit einem Schreibtisch, Computer, Sessel, Dienstbuch, Schreibtischlampe Blumentopf, etc.

IN DER MITTE: eine Couch, ein Tisch und dahinter ein kleiner Schrank mit Kaffeemaschine und Tassen

IN DER RECHTEN ECKE: 2 Zimmer mit 3-4 Betten 1 Zimmer im Bühnen-Off

AM RECHTEN BÜHNENRAND: ein Fenster und eine angedeutete Straße

1. AKT ABEND

MARTIN, DER SOZIALBETREUER, sperrt das Obdachlosenheim auf, macht Licht, schaltet Computer ein, macht Kaffee und kehrt mit einem Besen etwas lustlos zusammen.

DIE OBDACHLOSEN kommen.

MARTIN: Karl und Franz Zimmer 1
Thomas, Johann und die anderen Junkies Zimmer 2
Walter und der ganze Rest Zimmer 42 (Bühnen-Off)

Die Leute verteilen sich auf die Zimmer.
KARL und FRANZ holen sich einen Kaffee und setzen sich auf die Couch.

FRANZ: Frauen haben es echt besser im Leben!

KARL: Glaubst wirklich?

FRANZ: Im nächsten Leben möchte ich eine Frau sein!

KARL: Im nächsten Leben wirst a Seehund sein!

PETRA kommt bei der Tür herein, geht zur Couch und zeigt Karl und Franz kurz ihre Hängetitten.

PETRA: Nur 5 Euro für 20 Minuten!

KARL: Na, Schleich di!

FRANZ: Hab ka Geld!

MARTIN bittet Petra höflich zu gehen.

FRANZ: Ich glaub ich will im nächsten Leben doch ka Frau sein!

WALTER kommt dazu und holt sich auch einen Kaffee.

WALTER: Life is a bitch and then you die.

KARL: Red Deitsch!

Licht aus Mitte

Licht an Zimmer 1

DIE JUNKIES lachen und blödeln herum, spritzen sich gegenseitig mit Wasser an und dabei schüttet einer von ihnen den Inhalt eines Wasserglases aus dem Fenster auf die Straße.

Licht an Mitte

DER NACHBAR kommt wütend herein und schreit.

NACHBAR: Wer hat mich mit Wasser angespritzt? Ich bring ihn um!

MARTIN kommt aus dem Büro.

MARTIN: Beruhigen Sie sich, was ist denn passiert?

NACHBAR: Irgend so ein Aidskranker hat mich mit Wasser angespritzt!

MARTIN: War sicher nicht mit Absicht!

DER NACHBAR stößt Martin weg und rennt wieder raus und brüllt durchs Fenster.

NACHBAR: Ihr Hurenkinder wegen euch krieg ich jetzt Aids und meine Wohnung ist auch nichts mehr wert, ich hol die Polizei.

DER NACHBAR verschwindet schimpfend.

KARL: Leut gibt's...

FRANZ: Bist du deppert!

WALTER grinsend: Na, römisch-katholisch.

KARL, FRANZ und MARTIN lachen.

MARTIN: So, 10 Uhr ist es, Nachtruhe.

Geht's auf eure Zimmer, bitte.

KARL, FRANZ und WALTER gehen auf ihre Zimmer Martin ins Büro.

Licht aus Mitte

Licht aus Zimmer 1

Licht an Büro

MARTIN setzt sich zum Schreibtisch, gibt die Füße auf den Tisch
und liest ein Buch.

Licht an Mitte

DER NACHBAR kommt mit zwei Polizisten herein.

NACHBAR: Wo ist der Junkie?
Ich zeig eich an!

MARTIN kommt und der Polizist geht auf ihn zu.

POLIZIST: Was ist hier passiert?

MARTIN: Ein Bewohner hat etwas Wasser aus dem Fenster
geschüttet und dann hat dieser Mann hier angefangen,
zu randalieren.

NACHBAR schreit: Was heißt ich hab hier randaliert?!
Wegen den Hurenkindern krieg ich jetzt Aids.

POLIZIST: Von Wasser bekommt man kein Aids.

MARTIN grinst: In unseren Wasserleitungen fließt kein Aids.

Polizist muss auch grinsen und fragt den Nachbarn dann ernst.

POLIZIST: Wollen sie jetzt eine Anzeige erstatten?

NACHBAR kleinlaut: Nein, passt schon.

DER NACHBAR und DIE POLIZISTEN gehen wieder
und MARTIN geht kopfschüttelnd ins Büro zurück.

MARTIN setzt sich wieder zum Schreibtisch seufzt einmal und liest
weiter.

Licht aus Mitte

2. AKT NACHT

Zimmer 1

Im Dunkeln, nur im Licht der Straßenbeleuchtung klettert eine Gestalt mithilfe einer Leiter durchs Fenster und legt sich in ein freies Bett.

KARL erwacht und geht im Dunkeln ins Büro zu Martin, unterwegs stößt er am Tisch an.

KARL: Na geh, schleich di!

Im Büro angekommen wacht MARTIN, der beim Lesen eingeschlafen ist, auf.

KARL: Ich glaub da ist gerade jemand beim Fenster hereingeklettert, oder hab ich das nur geträumt?

MARTIN gähnend: Schau ma mal!

MARTIN steht auf und geht ins Zimmer.
KARL wartet vor dem Zimmer.
DIE GESTALT liegt im Bett und schläft.
MARTIN erkennt ihn, er geht zum Fenster und sieht die Leiter und hält sich den Mund vor Lachen zu, um die anderen Schlafenden nicht aufzuwecken.
MARTIN geht aus dem Zimmer zu Karl.

MARTIN kichernd: Das ist der Andreas, hat wahrscheinlich zu viel
getrunken und sich nicht getraut, die Vordertür zu benutzen.

KARL: Na, Servas.
Na dann, Gute Nacht!

Karl geht wieder ins Zimmer und legt sich in sein Bett.
Martin geht zurück ins Büro und liest weiter.

Kurze Zeit später kommt Thomas aus dem Zimmer 2 ins Büro.

THOMAS: Ich kann nicht schlafen, die anderen
aus meinem Zimmer schnarchen so laut.

MARTIN geht mit THOMAS zum Zimmer, als er die Tür aufmacht
hört man ein dreistimmiges Schnarchorchester.
MARTIN macht die Tür wieder zu.

Schnarchen aus

MARTIN geht ins Zimmer 2, und das Schnarchorchester
aus drei verschiedenen Schnarchtönen beginnt wieder.

MARTIN fängt an, die Schnarcher zu dirigieren und verlässt nach
einer Minute dirigieren grinsend das Zimmer.

MARTIN: Hol dir dein Bettzeug und leg dich auf die Couch.

THOMAS holt sein Bettzeug und legt sich auf die Couch.

MARTIN geht ins Büro, schaltet den Computer ein und schaut sich Musikvideos an.

Langsamer fade-out der Musik

Licht aus

3. AKT MORGENGRAUEN

Zimmer 2

Licht an

EIN JUNGER JUNKIE erwacht, setzt sich mit dem Rücken zum Publikum auf sein Bett und setzt sich langsam einen Schuss.
Kurze Zeit später fällt er rücklings quer auf das Bett und liegt kopfüber mit ausgestreckten Armen da (wie Jesus am Kreuz).

JOHANN wacht auf und rennt zu Martin ins Büro.

JOHANN: Da hat einer eine Überdosis!
Ruf die Rettung!

MARTIN ruft die Rettung.

MARTIN: Hallo hier ist das Obdachlosenheim Willi-Bett.
Wir brauchen eine Rettung mit Notarzt.

MARTIN rennt mit JOHANN zurück ins Zimmer.

Blaulicht draußen auf der Straße

Kurze Zeit später kommen EIN NOTARZT und ZWEI SANITÄTER
DER NOTARZT wirkt ziemlich aufgedreht und redet sehr schnell.

NOTARZT: Wo is er denn?

Wo is er denn?

Was hat er denn?

MARTIN führt die Rettungsmannschaft ins Zimmer.

NOTARZT: Okay, kenn mi schon aus!

Kenn mi schon aus!

Nehma'n mit!

Packts eam ein, Jungs!

DIE SANITÄTER legen den Junkie auf
eine Bahre und transportieren ihn ab.

NOTARZT: Wiederschaun!

Wiederschaun!

Bis zum nächsten Mal.

MARTIN geht ins Büro und schreibt einen Bericht ins Dienstbuch.

Licht aus

4. AKT MORGEN

EIN BÄCKER bringt eine Kiste mit Brot und Gebäck,
Martin stellt die Kiste auf den Tisch und macht frischen Kaffee.

THOMAS wacht auf der Couch auf und langsam kommen.
ALLE ANDEREN in den Gemeinschaftsraum und nehmen sich Kaffee
und Gebäck.

Draußen läuten Kirchenglocken

WALTER: Jetzt kriechen sie wieder der Kirchn in den Oasch, aber für
die Menschen habs ka Göd.

KARL: Von den Oblaten und dem Schluck Wein wird ma a net satt.

FRANZ: Oder besoffen!

WALTER: Und sowas nennt sich Abendmahl!

Alle lachen

DIE LEUTE ziehen sich langsam an und verlassen das
Obdachlosenheim.

KARL: Servas Martin, bis am Abend.

MARTIN macht das Licht aus und sperrt ab.

Ende

Verbeugung

Musik
(for Terry Jones)

Dip klack
Dip dip klack
Dip klack
Dip dip klack

Dip klack
Dip klack klack
Dip klack
Dip klack klack

Wenn ich mal keine anderen Musiker hab,
hab ich zwei Drum-sticks
und einen tropfenden Wasserhahn

Die Alchemisten von heute

Die Alchemisten von heute
Versuchen nicht Metall zu Gold zu machen
Sondern
Gift zu Dünger
Plastik zu Lebensmittel
Blut zu Schokolade
Spionage zu Life-Style
Die Alchemisten von heute
Machen Scheiße zu Gold

Von Menschen und Arschlöchern

Jeder Mensch hat die Wahl
Ein Mensch zu bleiben
oder
Ein Arschloch zu werden

Wenn Menschen in Frieden aufwachsen
Ist es leicht ein Mensch zu bleiben

Wenn Menschen im Krieg aufwachsen
Ist es schwer, kein Arschloch zu werden

Sandstorm

I wish against wish
I hope against hope

That there will be a sandstorm
In Syria

A sandstorm in the east
Of Syria

A sandstorm in the west
Of Syria

And then
The people can live
In peace
In the middle
Of Syria

Sandsturm

Ich wünsch mir einen Sandsturm
In Syrien

Einen Sandsturm im Osten
Von Syrien

Einen Sandsturm im Westen
Von Syrien

Und dann können die Menschen
In der Mitte von Syrien
In Frieden leben

Grausliche Bilder

Sie drucken jetzt grausliche Bilder
auf Zigarettenschachteln
Bilder von kaputten Lungen
und kranken Menschen

Dann sollten sie aber auch

Auf Schnapsflaschen
Bilder von einer kaputten Leber
und toten Alkoholikern

Auf Burgerschachteln
Bilder von kaputten Herzen
und fetten Kindern

und

Auf Autos
Bilder von Verkehrsunfällen
und toten Menschen
drucken

God is life and love

God is life and love
If you dig that
You need
No religions
No churches
No gurus
And
No shaman to tell you
That
God is life and love

Gott ist Leben und Liebe

Gott ist Leben und Liebe
Wenn ihr das begriffen habt
Braucht ihr
Keine Religionen
Keine Kirchen
Keine Sekten
Und
Keine Schamanen die euch sagen
dass
Gott Leben und Liebe ist

850

Mit 850 Euro
Kann man überleben
Mit 850 Euro
Kann man essen und wohnen
Mit 850 Euro
Können Mütter bei ihren Kindern bleiben
Mit 850 Euro
Können Künstler von ihrer Kreativität leben
Mit 850 Euro
Können Menschen weniger arbeiten

Mit 850 Euro
Bedingungslosem Grundeinkommen
Kann man vielleicht nicht auf Urlaub fahren
Oder sich ein Auto leisten
Aber man kann überleben

Versicherungen

Alle Religionen sind Versicherungen

Sie versichern dir
Dass du in den Himmel kommst

Sie versichern dir
Dass du nicht in die Hölle kommst

Sie versichern dir
Dass du wiedergeboren wirst

Sie versichern dir
Dass du ins Nirwana kommst

Alle Priester sind Versicherungsmakler

Selbstvergiftung

So wie die Menschheit
Nicht aufhören kann
Ihren Planeten
zu vergiften

So können die Menschen
Nicht aufhören
Ihren eigenen Körper
zu vergiften

Treehuger

If you hug a living tree
They call you insane

If you talk to a cat
They call you mad

If you talk to a cross
From a dead piece of wood

They call you religious

Baumliebhaber

Wenn du einen Baum umarmst
Halten sie dich für verrückt

Wenn du mit einer Katze redest
Halten sie dich für einen Spinner

Wenn du mit einem Kreuz
aus einem toten Stück Holz redest
Halten sie dich für gläubig

Betthupferl
(für die Kinder der Siebziger Jahre)

Betthupferl 2016
Grossvati Petz ist Bundespräsident
Der blaue Tintifax sitzt in der Ecke und schmollt
Der Pezi-Bär hat die Bühne verlassen
und
Fips ist der neue Bundeskanzler

Betthupferl 2017
Grossvati ist noch immer Bundespräsident
Der blaue Tintifax sitzt in der Regierung
Fips hat die Bühne verlassen
und
Der kurze Prinz ist Bundeskanzler

Betthupferl 2020
Der kurze Prinz ist schon wieder Bundeskanzler
Der grüne Dagobert ist Vizekanzler
Der blaue Tintifax sitzt auf einer Insel und schmollt
Grossvati ist noch immer Bundespräsident
und
Schneewittchen und die böse Königin
sind Ministerinnen

Das Jüngste Gericht

Vielleicht
ist das Jüngste Gericht
nur eine einzige riesige Waage

Auf der einen Waagschale
sitzen wir

Auf der anderen Waagschale
sitzen alle Tiere die wir
in unserm Leben getötet haben

Ein Großwildjäger
sollte ziemlich dick sein

Die Gier

Die Gier lässt uns
über Leichen gehen

Die Gier lässt uns
keine Steuern zahlen

Die Gier lässt uns
unser Leben verschwenden

Die Gier lässt uns
den Planeten zerstören

Die Gier lässt uns
Vergessen was Liebe ist

Living in paradise

Watching
only
the Discovery-Channel
you could
believe
that we are
living in paradise

Watching
only
CNN
you could
believe
that we are
living in hell

Leben im Paradies

Schaust du dir
nur
Universum
an
glaubst du
wir leben im Paradies

Schaust du dir
nur
Zeit im Bild
an
glaubst du
wir leben in der Hölle

300 Guns

If you have a gun
If you wanna draw fast
If you wanna shoot to kill
If you wanna win the mission

Please
Sell your gun
And buy yourself
A PlayStation

300 Waffen

Wenn du eine Waffe besitzt
Wenn du gern schnell ziehst
Wenn du schießt, um zu töten
Wenn du gerne Missionen gewinnst

Bitte
Verkauf deine Waffe
Und kauf dir
Eine PlayStation

Is it that hard

Is it that hard
To be good

Is it that hard
To be nice

Is it that hard
To be honest

Is it that hard
To be in love

Ist es wirklich so schwer

Ist es wirklich so schwer
Gut zu sein

Ist es wirklich so schwer
Nett zu sein

Ist es wirklich so schwer
Ehrlich zu sein

Ist es wirklich so schwer
Verliebt zu sein

Wann endlich?

Wann endlich
wird das Umweltministerium
umweltfreundlich

Wann endlich
wird das Sozialministerium
sozial

Wann endlich
wird das Familienministerium
familienfreundlich

Social media

I am SOCIAL
Without MEDIA

I have a FACE
Without a BOOK

I am a SOUND
Without a CLOUD

I love YOU
Without PORN

For religion and nature

For religion humans would
Fight
Work
Pay
And kill

For nature humans would
Fight
Work
Pay
But not kill

That's the difference

Für Religion und Natur

Für die Religion würden Menschen
Kämpfen
Arbeiten
Spenden
Und töten
Für die Natur würden Menschen
Kämpfen
Arbeiten
Spenden
Aber nicht töten

Das ist der Unterschied

Atheism

If god were catholic
then he either
doesn't give a fuck
about mankind
or
He would have already
killed mankind
with
Thor's hammer

Atheismus

Wenn Gott katholisch wäre
dann ist ihm die Menschheit
entweder
scheißegal
oder
Er hätte die Menschheit schon längst
mit
Thors Hammer
erschlagen

Sad

MacPoonalds
sells a lot of burgers
and
pays less taxes

Starfucks
sells a lot of coffee
and
pays less taxes

Amazon
sells a lot of everything
and
pays less taxes

The little bookshop
sells less books
and
pays a lot of taxes

Traurig

MacPonalds
verkauft viele Burger
und
zahlt wenig Steuern

Starfucks
verkauft viel Kaffee
und
zahlt wenig Steuern

Amazon
verkauft alles
und
zahlt wenig Steuern

Die kleine Buchhandlung
verkauft weniger Bücher
und
zahlt viele Steuern

The president

If the president
of America
were human
he would
send
his aircraft carrier
to the
Mediterranean
with tents
instead
of weapons

Der Präsident

Wenn der Präsident
von Amerika
ein Mensch
wäre
würde er
seine Flugzeugträger
ins Mittelmeer
schicken
mit Zelten
statt
Waffen

If God were allseeing allknowing and allmighty

If God were allseeing
he would see
that
a witch is burning
and
a priest is fucking little children

If God were allknowing
he would know
that
the witch is innocent
and
the children will suffer their whole lifetime

If God were allmighty
he would
let it rain
so
no stake burns
and
he would
send the priest nightmares
from
Dante´s inferno

78

Wenn Gott allsehend allwissend und allmächtig wäre

Wenn Gott allsehend wäre
dann würde er sehen
dass
eine Hexe am Scheiterhaufen brennt
und
ein Priester kleine Kinder fickt

Wenn Gott allwissend wäre
dann würde er wissen
dass
die Hexe unschuldig ist
und
die Kinder ihr Leben lang leiden werden

Wenn Gott allmächtig wäre
dann würde er es regnen lassen
dass
kein Scheiterhaufen brennt
und
er würde
dem Priester
Albträume schicken
aus
Dantes Inferno

Die 10 Kurz-Gebote

1. Du sollst Kurz wählen
wenn du mehr als 5000 Euro im Monat verdienst

2. Du sollst Kurz wählen
wenn du keine Familienbeihilfe zum Überleben brauchst

3. Du sollst Kurz wählen
wenn du kein Arbeitslosengeld beziehst

4. Du sollst Kurz wählen
wenn du dir eine private Krankenversicherung leisten kannst

5. Du sollst Kurz wählen
wenn du dir eine private Pensionsversicherung leisten kannst

6. Du sollst Kurz wählen
wenn du Millionen besitzt

7. Du sollst Kurz wählen
wenn du ein Steuerflüchtling bist

8. Du sollst Kurz wählen
wenn du nicht an den Klimawandel glaubst

9. Du sollst Kurz wählen
wenn du keine Steuern für deine Konzerne zahlen willst

10. Du sollst Kurz wählen
wenn dir arme Menschen wurscht sind

Der kurze Prinz

Es war einmal ein kurzer Prinz, der wollte unbedingt König im Land der Berge werden.

Also fragte er den alten König im flachen Land um Rat.

Der alte König riet ihm, sich mit den Reichen zu verbünden und ihnen zu versprechen, dass sie keine Steuern mehr zahlen müssen.

„Aber was werden die armen Leute dazu sagen?", fragte der kurze Prinz.

„Den armen Leuten musst du Angst machen und dazu brauchst du die blauen Wölfe", antwortete der alte König mit dem schütteren Haar.

So zog der kurze Prinz, mit dem Kopf voller Fragen, durch das Land und fragte die Reichen.

„Warum wollt ihr keine Steuern zahlen?"

„Weil wir das Gold für uns selber brauchen."

„Na gut, und was wollt ihr noch?"

„Wir wollen, dass die armen Leute mehr arbeiten!"

„Sonst noch was?", fragte der kurze Prinz etwas naiv.

„Wir wollen den Armen weniger Gold für ihre Arbeit zahlen!"

„Okay", sagte der Kurze und zog weiter.

Unterwegs fragte sich der Prinz, wie er den armen Leuten das verkaufen soll und da fielen ihm die blauen Wölfe ein, von denen der König des Flachlandes gesprochen hatte.

Also wanderte er ins finstere Tal.

Am Eingang des Tales standen zwei junge blaue Wölfe ohne Haare am Schädel und knurrten den kurzen Prinz an.

„Ich muss mit eurem Anführer sprechen!", sagte der kurze Prinz kleinlaut, also ließen sie ihn passieren.

Der Chef der blauen Wölfe lungerte breit grinsend auf seinem Thron herum.

„Was willst du, du halbe Portion?", knurrte er missmutig.

„Die Reichen wollen mehr Gold und die Armen sollen mehr arbeiten für weniger Gold!"

„Was gehen mich die Reichen an?", brummte der Blauwolf.

„Sie würden euch zu Gold und Ansehen verhelfen, dann braucht Ihr euch nicht mehr in diesem finsteren Tal zu verstecken!", versprach der kurze Prinz.

„Woher nehmen sie das Gold?", fragte der blaue Boss.

„Von den Armen, aber ich weiß nicht, wie ich es denen sagen soll!"

„Mach ihnen Angst!", brüllte der Wolf und schüttelte sich vor Lachen, als der Prinz zusammenzuckte.

„Aber mit was soll ich ihnen Angst machen? Ich hab keine Armee!"

„Du brauchst keine Soldaten, sag ihnen einfach, die Schafe sind an allem schuld!", lachte der Führer-Wolf.

„Die Schafe?"

„Ja, die Schafe, sie fressen den armen Leuten das Futter weg!", grinste der Wolf.

„Aber es ist doch genug Futter für alle da!"

„Die Schafe!"

„Und warum sollen die Armen mehr arbeiten?"

„Wegen der Schafe müssen sie mehr arbeiten."

„Aber…"

„Die Schafe!!!", brüllte der Wolf.

„Und warum bekommen die Armen weniger Gold?", fragte der kurze Prinz weiter.

„Wegen den Schafen!"

„Aber, aber warum?"

„Ist doch egal, die Schafe sind an allem schuld! Du musst es ihnen einfach nur sagen!", seufzte der Wolf.

Also ging der kurze Prinz von Dorf zu Dorf und erzählte den Leuten, dass die Schafe an allem schuld sind und dass er, wenn er König ist, die Schaf-Route schließen werde.

Die Leute jubelten ihm zu und der Prinz versprach ihnen mehr Gold und dass alles besser werden würde.

„Aber nur für die Reichen", dachte er sich still und heimlich.

Und so wurde der kurze Prinz zum König im Land der Berge.

Zusammen mit den blauen Wölfen verabschiedete der kurze Prinz viele Gesetze, die den armen Menschen Schaden zufügten.

Sie mussten 12 Stunden am Tag arbeiten und bekamen dafür weniger Gold.

Die Reichen und die Großgrundbesitzer mussten weniger Steuern zahlen und die Schafe bekamen weniger Unterstützung.

Der Chef der blauen Wölfe kaufte sich eine Insel und erzählte einem geflügelten Boten, der sich als reiche russische Prinzessin verkleidet hatte, alle seine Pläne zur Machtergreifung der Krone und musste zurücktreten.

Auch der kurze Prinz verlor daraufhin seine Krone und musste aus seinem Palast ausziehen.

„Zum Glück haben sie die Guillotine abgeschafft", dachte sich der Prinz etwas nachdenklich.

Doch leider lernen die Leute nicht aus ihren Fehlern und sie wählten den kurzen Prinz ein zweites Mal zu ihrem König.

Anfang vom Ende

Chris Sokop
geboren 1971 in Wien

Schriftstellerkind
(Dante Larisch und wienerische Gedichte)

Namenloser Künstler
(Namen verkaufen Bilder)

Schlagzeuger der Folkrock-Band Dun Ringill
(Schlagzeug-Spielen nach Noten ist wie Malen nach Zahlen)

Geringfügig erleuchteter Teilzeit-Schamane
(Erleuchtung kann man weder kaufen noch verkaufen)

Bücher:

Chris Sokop
„Pogue Mahone: oder Warum die
Christen Schuld am Klimawandel sind"
Zwiebelzwerg Verlag 2016

Chris Sokop und Hans Werner Sokop
„Sokopoems" Zwiebelzwerg Verlag 2018

Danke für Inspiration und Zitate

CHARLIE CHAPLIN, JOHN CLEESE, MEL BROOKS, EAV, FALCO, MARKUS, KATHY, WOODY ALLEN, HANS SÖLLNER, DEM REGGAE-MUSIKER AUS DER SZENE WIEN, BERNIE, RENATE UND ERNSTL, MONTY PYTHON, PUSHING DAISIES (TV-SERIE) ANDREAS, PADDY, EAMONN, DEM WACKELSTEINFESTIVAL, BOB MARLEY, THE POGUES, PROCLAIMERS, TERRY PRATCHETT, IRMIE, LARS, KONRAD UND EMIL, FREDDY, JUDITH, ELISABETH, SHANE MACGOWAN, CHUMBAWAMBA, E.W. HEINE, J.R.R. TOLKIEN, RALF, "DIDG 'N'DRUMS", TROMMELFEUER, DER ARABURG-CREW, DANTE, HANS WERNER SOKOP, THOMAS (THE NATIVE WHISPERER), MARTIN, ANDY, CLEMENS, KARL BERGER, IVAN, PINK FLOYD, PETER GUNN, ALFRED DORFER, UBISOFT (ASSASSINS'S CREED), TERRY GILLIAM, JAKUB UND DEM THEATER ARCHE